Annette Holl

W0201602

Wie gelingt Wochenplan-Arbeit?

DER MINI-RATGEBER

Die Umwelt liegt uns am Herzen! Konkret bedeutet das: Wir verwenden ausschließlich recyceltes Papier und vermeiden Plastik, wo es möglich ist. Dieses Produkt wurde aus diesem Grund nicht eingeschweißt. Auch haben wir bei der Herstellung des Umschlags auf eine Cellophan-Schicht verzichtet. Alle in diesem Produkt verwendeten Papiere bestehen zu mindestens 50 % aus Recyclingfasern. Das Inhaltspapier dieses Buches ist gemäß DE-UZ 14a Blauer-Engel-zertifiziert.

Wir haben uns für die Schreibweise mit dem Sternchen entschieden, damit sich Frauen, Männer und alle Menschen, die sich anders bezeichnen, gleichermaßen angesprochen fühlen. Aus Gründen der besseren Lesbarkeit für die Schüler*innen verwenden wir in den Kopiervorlagen das generische Maskulinum. Bitte beachten Sie jedoch, dass wir in Fremdtexten anderer Rechtegeber*innen die Schreibweise der Originaltexte belassen mussten.

2. Auflage 2023

Autor*innen Annette Holl
Coverfotos © czarny_bez – Fotolia.com, © T.Sander – Fotolia.com, © tina bits – Fotolia.com
Illustrationen Annukka Gruschwitz, Carla Miller, Heinrich Drescher, Anne Rasch
Fotos Annette Holl (Seite 11, 12 und 21)
Druck und Bindung PMLS GmbH & Co. KG, Kassel

ISBN 978-3-7468-0599-3
www.lernbiene.de

Inhalt

Wie gelingt Wochenplan-Arbeit?

von Annette Holl
mit Illustrationen von Annukka Gruschwitz und Carla Miller

Angesichts der zunehmenden Heterogenität der Schülerschaft sowie wachsenden Herausforderungen wie Inklusionsklassen und jahrgangsübergreifenden kombinierten Lerngruppen bietet die Arbeit mit Wochenplänen Lehrkräften eine hervorragende Alternative zum herkömmlichen Unterricht. So können die Schüler*innen selbstbestimmt lernen und in ihrem eigenen Tempo im Lernstoff fortschreiten. Die Lehrkraft hat die Möglichkeit, das Aufgabenpensum und den Schwierigkeitsgrad an das Leistungsvermögen der einzelnen Kinder anzupassen. Dadurch verschafft sie sich Freiräume, um genügend Zeit für besondere Kinder zu haben, während der Rest der Klasse sinnvoll beschäftigt ist.
Der vorliegende Mini-Ratgeber gibt Ihnen einen Überblick über die theoretischen Hintergründe der Wochenplan-Arbeit. Sie erhalten praxiserprobte Tipps für die Vorbereitung eines Wochenplans, für die Begleitung Ihrer Klasse während der Arbeitsphase, aber auch für auftretende Probleme. Außerdem erhalten Sie Anregungen für die Korrektur und Bewertung der Ergebnisse. Wertvolle Tipps für die Reflexion der Schüler*innen und Hilfestellungen für eine angemessene Rückmeldung an die Kinder runden den Ratgeber ab.
Im Material kommen Pflicht- und Wahlaufgaben vor. Grundsätzlich empfiehlt es sich, wenn die Lernenden zuerst die Pflichtaufgaben abarbeiten und sich erst danach den Wahlaufgaben widmen. Es wären aber z. B. folgende Unterrichtssituationen denkbar: Tim hat heute schon drei Pflichtaufgaben geschafft, ist schneller vorangekommen als erwartet und erledigt nun zur Belohnung eine Wahlaufgabe. Lisa ist gerade jetzt müde und hat Kopfschmerzen. Statt gar nichts zu arbeiten, nimmt sie sich das Ausmalbild aus den Wahlaufgaben. Die Beispiele zeigen, dass es unter gewissen Umständen sinnvoll sein kann, die Kinder die Aufgaben noch freier auswählen zu lassen.

Hinweise zu einzelnen Materialien

Wie gestalte ich einen Wochenplan? Die Menge der Aufgaben in den Beispiel-Wochenplänen ist nur ein Auszug aus dem Wochenpensum in der zweiten oder dritten Klasse. Der erste Wochenplan enthält Pflicht- (!) und Zusatzaufgaben (★). Er gibt Hausaufgaben für jeden Tag vor. Im zweiten Wochenplan sind die Hausaufgaben in das Aufgabenpensum integriert. Außerdem forciert er die Reflexion des Kindes.

Vorlage für einen Wochenplan: Die „Vorlage für einen Wochenplan“ können Sie an Ihre Lerngruppe anpassen. Fügen Sie dazu die „Symbole für einen Wochenplan“ in die entsprechenden Felder ein. Weitere Hinweise finden Sie auf der Seite „Wochenplan konkret: Beispiele und eine Vorlage“.

Hinweis: Die „Beispiel-Wochenpläne für Klasse 2 und 3“, die „Vorlage für einen Wochenplan“ sowie die „Symbole für einen Wochenplan“ können Sie in einer farbigen Variante im veränderbaren Microsoft® Word® Format über den nebenstehenden QR-Code herunterladen.

Regeln für die Wochenplan-Arbeit: Hängen Sie die Vorlage groß kopiert im Klassenzimmer auf. Unterbrechen Sie in der Anfangsphase konsequent die Arbeit Ihrer Schüler*innen, wenn etwas nicht rundläuft, oder klären Sie Dinge sofort im Einzelgespräch.

Helfersysteme für die Wochenplan-Arbeit: Selbstverständlich können Ihre Schüler*innen bei Fragen immer zu Ihnen an das Pult kommen. Achten Sie darauf, dass die Kinder sich (je nach Ort Ihres Pults) zur Tafel oder zur Zimmerwand hin aufstellen, damit sie nicht irgendwann alle im Klassenzimmer stehen und die anderen beim Arbeiten stören.

Rückmeldebogen zum Wochenplan: Geben Sie den Bogen zusammen mit den korrigierten Ergebnissen zurück. In Einzelfällen wie z. B. bei großem Leistungsrückstand oder Verhaltensauffälligkeiten sollten Sie die Eltern den Bogen unterschreiben lassen. Besprechen Sie den Rückmeldebogen von Zeit zu Zeit im Rahmen eines Gesprächs mit jedem Kind. Dabei können Sie Ihre Einschätzungen erläutern, Beispiele geben oder gezielt nachfragen, wenn etwas auffällig gut oder außergewöhnlich fehlerhaft funktioniert hat.

Reflexion zum Wochenplan: Machen Sie sich während oder nach einem Rückmeldegespräch Notizen. Heften Sie diese gemeinsam mit dem alten Wochenplan des jeweiligen Kindes in einem Ordner ab oder sammeln Sie die Sachen in einem Karteikasten mit Register. So können Sie noch einmal nachschauen, was ein Kind schon erledigt hat oder was ihm ggf. noch fehlt, weil es krank war oder den Plan nicht geschafft hat. Außerdem sind sie für Elterngespräche oder die Zeugnisberichte wichtig.

Gesprächskarten für ein Wochenplan-Feedback: Setzen Sie die Kärtchen im Rahmen eines Rückmeldegespräches ein. Weitere Hinweise hierzu finden Sie im Kapitel „Wie kontrolliere ich die Aufgaben der Kinder?“. Entweder lassen Sie das Kind ein paar der Fragen aussuchen oder Sie selbst suchen einzelne aus. Alternativ wählt das Kind eine Karte aus, mit der das Gespräch eröffnet wird. Danach thematisieren Sie die vorgestellten Fragen. Überlegen Sie außerdem, ob Sie alle Kärtchen zur Verfügung stellen oder im Wechsel immer eine Zeit lang nur ein paar Fragen zur Auswahl geben.

Wir wünschen Ihnen viel Freude beim Einsatz des Materials!

Theoretische Hintergründe zum Wochenplan (1)

Was ist ein Wochenplan eigentlich?
Ein Wochenplan ist eine Aufgabenliste, die die Schüler*innen im Laufe einer Woche erledigen sollen. Darüber hinaus kann es Zusatzaufgaben geben und die Hausaufgaben können integriert sein. Die Inhalte können aus einem oder mehreren Fächern stammen. Die Reihenfolge der Bearbeitung ist den Kindern freigestellt. Im Optimalfall enthält der Wochenplan unterschiedliche Aufgabentypen wie Arbeitsblätter, Lernspiele, aber auch offenere Aufgabenstellungen (z. B. „Führe ein Experiment aus dem Regal Nr. 2 durch") und lässt den Kindern teilweise die Wahl der Sozialform.

Wer hat den Wochenplan erfunden?
Der Gedanke des Wochenplans kommt bei vielen Reformpädagogen vor (z. B. Hugo Gaudig, Berthold Otto, Hermann Lietz). Maßgeblich geprägt wurde er vom Begründer der Jenaplan-Pädagogik, Peter Petersen. Dieser führte an der Versuchsschule der Universität Jena in den 1930er- bis 1950er-Jahren Untersuchungen zu offenen Unterrichtsformen durch.
Petersens Wochenplan darf allerdings nicht mit dem modernen Wochenplan-Unterricht verwechselt werden. Er wehrte sich gegen Jahrgangsklassen und den Fächerunterricht. Für ihn war der Wochenplan ein durchgängiges Unterrichtsprinzip und er ging von einem Thema, nicht von einzelnen Fächern aus. Die Wochenpläne, die wir heutzutage in den Grundschulen finden, orientieren sich an den Fächern und bieten anstelle der oder in Ergänzung zu anderen Unterrichtsformen selbstständiges und eigenverantwortliches Lernen an.

Worin unterscheidet sich der Wochenplan von anderen Unterrichtsformen?
Der Wochenplan ist ein Mittelweg zwischen der Freiarbeit und dem Frontalunterricht. Während den Schüler*innen bei der Freiarbeit ein ganzer Pool an Aufgaben zur Verfügung steht, gibt der Wochenplan ihnen genauso wie der Frontalunterricht genau vor, was sie zu tun haben.
Allerdings können sie wie bei der Freiarbeit auch selbst über die Reihenfolge der Bearbeitung und teilweise auch über die Sozialform bestimmen. Anders als im Frontalunterricht können Sie das Lernen Ihrer Schüler*innen individueller gestalten, indem Sie differenzierte Aufgabenstellungen anbieten. Durch Zusatzaufgaben verhindern Sie Leerlauf, der im klassischen Unterricht häufig auftritt. Sie haben die Möglichkeit, die Freiarbeit in den Wochenplan zu integrieren.

Theoretische Hintergründe zum Wochenplan (2)

Welche Chancen bietet ein Wochenplan?

- Das Kind ist während einer Zeitspanne für sein Lernen selbst zuständig und trifft eigenständige Entscheidungen: Womit starte ich? Wie viele Aufgaben mache ich heute?
- Es wird durch Partneraufgaben in seiner Kooperationsbereitschaft gestärkt.
- Sie können auf das unterschiedliche Leistungsvermögen der Kinder eingehen, indem Sie die Pläne in unterschiedlichem Umfang gestalten und Zusatzaufgaben festlegen.
- Zudem können Sie differenzierte Aufgaben anbieten. Ihre Schüler*innen können so in ihrem eigenen Tempo und auf ihrem Niveau arbeiten.
- Eine Bloßstellung vor der Klasse wird vermieden, da es unbemerkt bleibt, wenn ein Kind eine Antwort nicht weiß oder eine leichtere Aufgabe bearbeitet als sein Nachbarkind (z. B. einen Abschreibtext anstelle eines Lückentextes).
- Da alle Kinder permanent beschäftigt sind und die Kontrolle der Aufgaben nicht immer sofort oder von Ihnen erledigt werden muss (vgl. „Wie kontrolliere ich die Aufgaben der Kinder?“), haben Sie Zeit, einzelnen Kindern Hilfestellung zu geben.
- Insgesamt steigern Sie die Fähigkeit Ihrer Schüler*innen zur realistischen Selbsteinschätzung des Lernvermögens (vgl. „Reflexion zum Wochenplan“).
- Im Krankheitsfall kann eine Person aus dem Kollegium ohne zusätzliche Vorbereitung Ihren Unterricht übernehmen.

Welche Nachteile kann die Wochenplan-Arbeit haben?

- Zwar arbeiten Ihre Schüler*innen selbstgesteuert, der äußere Rahmen ist allerdings sehr gelenkt und lässt ihnen wenig Spielraum für die Mitgestaltung.
- Je individueller Sie die Wochenpläne für Ihre Klasse gestalten, desto zeit- und mitunter auch materialintensiver ist Ihre eigene Vorbereitung.
- Wie bei jeder offenen Unterrichtsgestaltung ist es möglich, dass Ihre Klasse zunächst wenig effektiv arbeitet (z. B. viel Unterrichtszeit mit der Auswahl ihrer Aufgaben vertrödelt) und eine gesteigerte Unruhe im Klassenzimmer herrscht.
- Für Kinder mit Förderbedarf oder mit Auffälligkeiten wie einer AD(H)S oder einem Asperger-Syndrom kann die Aufgabenvielfalt und die Zeiteinteilung („Wann mache ich was?“) eine Überforderung darstellen.

Varianten des Wochenplans

In welchem Zeitraum setzen Sie den Wochenplan ein?

- Die gängigste Form ist ein Wochenplan, der von Zeit zu Zeit eingesetzt wird. Einen solchen können Sie Ihren Schüler*innen z. B. dreiwöchentlich anbieten.
- Der Wochenplan kann aber auch die grundlegende Organisationsstruktur Ihres Unterrichts sein. Das bietet sich in jahrgangsgemischten Lerngruppen sowie Inklusionsklassen an. Dann ist eine spezielle Vorbereitung nötig (vgl. „Was muss ich für einen Wochenplan vorbereiten?“).

An welchen Fächern orientiert sich der Wochenplan?

- Sie können sich bei der Wahl der Aufgaben auf ein Fach beschränken. Das ist in der Regel eines der Hauptfächer Deutsch, Mathematik oder Sachunterricht (Sachunterricht ist nicht in allen Bundesländern ein Hauptfach).
- Die häufigste Form in der Grundschule ist ein Wochenplan aus mehreren Hauptfächern.
- Da in der Grundschule eine Lehrkraft die meisten Fächer in einer Klasse unterrichtet, erhalten die Kinder Aufgaben aus unterschiedlichen Fächern zum aktuellen Sachunterrichtsthema, z. B. „Tiere im Winter“.
- Theoretisch ist ein Wochenplan auch in den Nebenfächern möglich. Allerdings ist es in Fächern wie z. B. Englisch oder Religion weniger sinnvoll, wenn sie nur zwei Stunden wöchentlich und ggf. von einer anderen Lehrkraft unterrichtet werden.

Welche Aufgabenstellungen enthält der Wochenplan?

- Die einfachste Form ist ein Wochenplan, der für alle Kinder dieselben Aufgaben enthält.
- Um dem Lerntempo jedes Kindes gerechter zu werden, fügen Sie ein Wahlpensum hinzu.
- Bieten Sie Aufgaben in unterschiedlichen Schwierigkeitsstufen an, damit unterschiedliche Leistungsgruppen berücksichtigt werden.
- Im Optimalfall gibt es für jede Leistungsgruppe oder jedes Kind einen individuellen Plan.
- Arbeitet eine Klasse regelmäßig mit Wochenplänen, bietet es sich an, feste Bestandteile wie z. B. 10 Minuten Lernworttraining im Plan zu verankern.
- Beziehen Sie die Kinder in die Ausgestaltung des Wochenplans mit ein, indem Sie z. B. Seiten im Schulbuch festlegen und Aufgaben auswählen lassen. Noch freier ist es, wenn die Kinder eine Wunschaufgabe zu einem Themenbereich (z. B. „Rechtschreibung“) selbst formulieren dürfen („Ich mache ein Laufdiktat“). Dann müssen aber ein Fundus an Aufgaben bereitstehen oder vorab mögliche Aufgabenformen besprochen worden sein.

Hausaufgaben beim Wochenplan

mögliches Verfahren	Vorteile	Nachteile
Sie geben täglich allen dieselben Hausaufgaben. Diese notiert das Kind in seinem Hausaufgabenheft.	Sie können spontan Aufgaben auswählen, die im Unterricht aufgetretene Probleme behandeln.	Sie beachten individuelle Problemfelder nicht.
Sie listen im Vorfeld für jeden Wochentag bestimmte Hausaufgaben im Wochenplan auf.	Sie können die Hausaufgaben in Bezug auf Menge und Schwierigkeitsgrad individuell anpassen.	Sie müssen ggf. im Laufe der Woche Hausaufgaben streichen oder ändern, weil diese nicht mehr passen.
Sie notieren eine Liste mit Hausaufgaben. Abgabe des Gesamtpensums ist dann am Freitag bzw. Montag (wenn es an Ihrer Schule freitags Hausaufgaben gibt).	Das Kind kann sich seine Zeit selbst einteilen. Sie können die Hausaufgaben hinsichtlich der Menge individuell anpassen.	Manche Kinder haben am letzten Tag einen Berg an Aufgaben zu bewältigen und schaffen es dann ggf. nicht.
Die Hausaufgaben sind in den Aufgabenpool integriert. Bei einem Plan mit mehreren Fächern ist die Regel sinnvoll, dass je eine Aufgabe in Deutsch und Mathe gemacht werden muss.	Sie stärken die Fähigkeit zur Organisation des eigenverantwortlichen Lernens, indem das Kind z. B. daran denken muss, zusätzliche Materialien für bestimmte Aufgaben mitzunehmen.	Ein Kind kann sich Aufgaben bewusst für zu Hause aufsparen, weil es auf die Hilfe der Eltern setzt. Das Kind kann in der Schule herumtrödeln und/oder andere beim Arbeiten stören und seine Aufgaben zu Hause erledigen.
Sie geben nur von Montag bis Donnerstag Hausaufgaben auf.	Das Kind hat am Freitag Zeit für evtl. nicht erledigte Aufgaben. Das entspricht der Grundschulordnung, nach der das Wochenende hausaufgabenfrei zu sein hat.	Es herrscht eine gewisse Ungerechtigkeit, weil manche Kinder freitags doch Hausaufgaben haben.

Was muss ich für einen Wochenplan vorbereiten? (1)

1. Integration des Wochenplans in die vorhandene Unterrichtsstruktur

- Entscheiden Sie sich für eine der Varianten des Wochenplans: Wie viel offenes Arbeiten trauen Sie sich und Ihrer Klasse (zunächst) zu?
- Jetzt überlegen Sie, wann Sie ihn zeitlich einbauen: Haben Sie viele Stunden in der Klasse, dann können Sie die Kinder täglich zur selben Zeit arbeiten lassen. Vielleicht haben Sie aber auch nur ein Teilzeitdeputat und es bleiben nur einzelne Tage für die Wochenplan-Arbeit.
- Oder Sie arbeiten mit einer Person aus dem Kollegium zusammen und kombinieren die Fächerinhalte, damit die Kinder mehr Zeit für ihre Wochenpläne haben.

2. Auswahl des Lernstoffes

- Gestalten Sie den Start in die Wochenplan-Arbeit für sich so einfach wie möglich. Sichten Sie zunächst die Lehrwerke und Kopiervorlagen, die Sie bisher in Ihrem Unterricht benutzten. Versehen Sie Aufgaben mit Klebezetteln, die von den meisten Kindern in Ihrer Klasse problemlos selbstständig bearbeitet werden können. Konzipieren Sie dann daraus einen Aufgabenpool für den Wochenplan.
- Mit welchen der Freiarbeitsmaterialien, die an Ihrer Schule vorhanden sind, sind Ihre Schüler*innen schon vertraut? Welche sind mit wenig Erklärungszeit schnell einsatzfähig? Hieraus stellen Sie weitere Aufgaben für den Wochenplan zusammen.

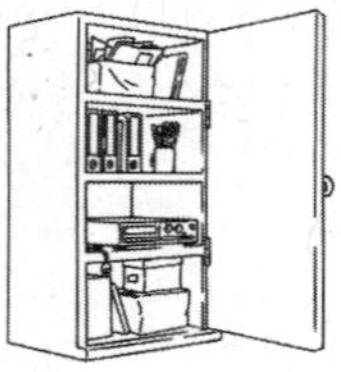

- Wenn Sie mit individuellen Wochenplänen arbeiten möchten oder Kinder mit besonderem Förderbedarf in der Klasse haben, kann es nötig sein, zusätzliche Lehrwerke oder spezielles Material zu beschaffen. Schauen Sie hierzu zunächst an Ihrer Schule nach: Oftmals liegen dort in den Schränken wahre Materialschätze, mit denen noch keine Lehrkraft gearbeitet hat.
- Haben Sie, ein Team von Lehrkräften oder sogar Ihre gesamte Schule vor, den Unterricht grundlegender auf die Arbeit mit Wochenplänen umzustellen, dann ist eine Aufbereitung und Verteilung des Lernstoffes auf die Schulwochen vonnöten. Ein solches Vorhaben nimmt eine längere Vorlaufzeit in Anspruch und sollte am besten von mehreren Personen mitgetragen werden. Dann kann der Lernstoff unter Zuhilfenahme der Lehrwerke und sonstigen Arbeitsmittel an der Schule in Wochenplan-Abschnitte eingeteilt und Wochenpläne für ein ganzes Schuljahr können erstellt werden.

Was muss ich für einen Wochenplan vorbereiten? (2)

3. Anpassen der Lernumgebung

- Entscheiden Sie sich für eine Sitzordnung, die einen schnellen Wechsel der Sozialform zulässt: Geeignet sind die Hufeisenform oder Gruppentische.
- Durch das Verschieben von Tischen oder den Einsatz von Regalen als Raumteiler können Sie Funktionsbereiche einrichten (z. B. eine Leseecke, einen Computerarbeitsplatz).
- Räumen Sie Fensterbänke frei, falls der Platz in den Regalen für die benötigten Materialien nicht ausreicht.
- Vielleicht können Sie in Absprache mit Ihrem Kollegium in den Klassenzimmern nebenan noch einen Teil des Flurs mitbenutzen und dort zusätzliche Arbeitsplätze oder Ablageflächen für Material einrichten?

4. Vorbereitung des Materials

- Arbeiten Sie mit Farben oder Symbolen, um Schwierigkeitsgrade oder die Materialien für den Pflicht- und Wahlbereich (! und ★) zu kennzeichnen.
- Stellen Sie Bastel- oder Versuchsmaterialien bereit, wenn möglich in doppelter Anzahl.
- Stellen Sie Modelle von Bastelaufträgen und ggf. auch Ergebnisse von Experimenten zur Veranschaulichung für mögliche Startschwierigkeiten oder auftretenden Problemen her.
- Kopieren Sie die Lösungsblätter vorsichtshalber in doppelter Ausführung. Am besten laminieren Sie die Blätter, um Eselsohren oder Flecken zu vermeiden.
- Kopieren Sie Spiele wie Dominos, aber auch Versuchs- und Bastelanleitungen, mindestens in dreifacher Ausführung.

5. Aufbewahrung des Materials

- Legen Sie Arbeitsblätter und Lernspiele in Stehsammlern, Pappschachteln oder Kunststoffboxen bereit. Auch Hilfsmittel wie Rechenschieber, die für einzelne Aufgaben benötigt werden, sollten so aufbewahrt werden.
- Richten Sie an einem festen Platz im Klassenzimmer ein Ablagesystem ein. Dort legen Ihre Schüler*innen die Ergebnisse ab und erhalten kontrollierte Materialien zurück.

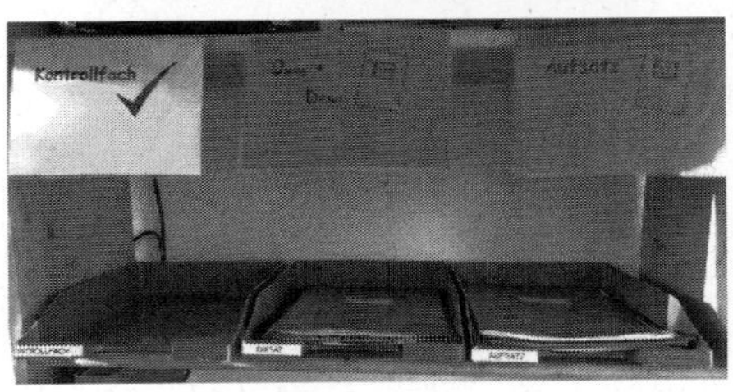

Was muss ich für einen Wochenplan vorbereiten? (3)

6. Sammeln der Wochenpläne und Ergebnisse

- Der aktuelle Wochenplan kann in einer Klarsichthülle auf dem Tisch des Kindes kleben, in einem speziellen Ordner abgeheftet oder seinem Lerntagebuch aufbewahrt werden, falls Sie damit arbeiten.
- Sorgen Sie dafür, dass jedes Kind einen festen Ort hat, an dem es seine Wochenplan-Materialien sammeln kann. Hierzu bieten sich Kunststoffablagen, Schubladenelemente oder Hängeregister an.

- Heften Sie Notizen zu Rückmeldegesprächen (vgl. „Reflexion zum Wochenplan") gemeinsam mit dem alten Wochenplan des Kindes in einem Ordner ab oder sammeln Sie die Unterlagen in einem Karteikasten mit Register. So können Sie noch einmal nachschauen, was ein Kind schon erledigt hat oder was ihm noch fehlt, weil es krank war oder den Plan nicht geschafft hat. Außerdem sind sie für Elterngespräche oder die Zeugnisberichte noch von Belang.

7. Einbeziehen der Eltern

- Möchten Sie längerfristig mit Wochenplänen arbeiten, sollten Sie die Eltern über diese Unterrichtsform und Ihre Beweggründe informieren. Zeigen Sie auf dem nächsten Elternabend einen Beispielplan, Schülerergebnisse oder Fotos aus dem Unterricht.
- Eltern von leistungsschwächeren Lernenden oder von Kindern mit anderweitigen Auffälligkeiten, die mit einem angepassten und gekürzten Wochenplan arbeiten, sollten darüber Bescheid wissen, dass sich dieser von denen der andern Kinder unterscheidet.
- Manche Eltern kontrollieren die Hausaufgaben ihrer Kinder. Treffen Sie zu Ihrer Entlastung die Absprache, dass diese das dann mit ihrem Kürzel anzeigen. Dann müssen Sie die Aufgaben nicht erneut auf Richtigkeit überprüfen.

Wie gestalte ich einen Wochenplan?

Diese Dinge sollten Sie bei jedem Wochenplan beachten:

- Vermeiden Sie „Bleiwüsten", also Pläne, in denen alle Informationen ausschließlich in Textform dargestellt sind. Arbeiten Sie viel mit Symbolen. Das hilft jüngeren Kindern und Nicht-Muttersprachlern beim Verständnis.
- Verwenden Sie bereits im Unterricht Farben oder Symbole zur Kennzeichnung von Materialarten, Schwierigkeitsstufen oder Sozialformen, sollten Sie im Wochenplan auf jeden Fall dieselben Elemente einsetzen.
- Der Zeitraum, in dem der Plan bearbeitet werden soll, muss vermerkt sein.
- Nummerieren Sie die Wochenpläne, wenn Sie regelmäßig damit arbeiten.
- Beinhaltet der Plan mehrere Fächer, kennzeichnen Sie die dazugehörigen Aufgaben durch ein Symbol oder die Bezeichnung.
- Eine Spalte zum Ankreuzen nach der Selbst-/Fremdkontrolle ist unabdingbar.
- Kennzeichnen Sie Methoden (z. B. Lesen, Schreiben) und Sozialformen (Einzel-, Partner- oder Gruppenarbeit).
- Machen Sie deutlich, ob für eine Aufgabe zusätzliches Material benötigt wird und wo sich dieses befindet (z. B. beim Freiarbeitsmaterial, auf einer CD-ROM).
- Für die Hausaufgaben gibt es eine Extrazeile. Sollte der Platz dafür nicht ausreichen, bietet es sich an, die Hausaufgaben auf der Rückseite oder einem Extrablatt zu notieren.
- Hinter jeder Aufgabe muss ein Feld sein, das abgehakt wird, wenn sie erledigt ist.

Diese zusätzlichen Dinge sollten Sie bei Bedarf ergänzen:

- Unter dem Wochenplan oder auch in einer Extrazeile können Sie Termine notieren, die in der Woche außerplanmäßig dazukommen, wie z. B. eine Autorenlesung, ein Wandertag.
- Für Mitteilungen an die Eltern ist eine zusätzliche Zeile ebenfalls hilfreich.
- Wenn Sie mit Zusatzaufgaben arbeiten, die aus einem Aufgabenpool ausgewählt werden, ist eine freie Zeile nötig, in der die Kinder beschreiben können, was sie gemacht haben.
- Möchten Sie eine Rückmeldung der Kinder zu den Aufgaben in schriftlicher Form haben (vgl. „Reflexion zum Wochenplan"), benötigen Sie ein weiteres Feld.
- Möchten Sie mit Lernzielvereinbarungen arbeiten, ist eine freie Spalte mit Leerzeilen zum Notieren eines Wochenziels nötig.
- Sollen die Eltern über die Lerninhalte, Absprachen mit dem Kind oder die Wochenziele informiert sein, sollten Sie eine Zeile für deren Unterschrift in die Planvorlage einfügen.

Wochenplan konkret: Beispiele und eine Vorlage

Beispiel-Wochenpläne

Auf den beiden Folgeseiten erhalten Sie Beispiele für zwei verschiedene Wochenpläne. Die Menge der Aufgaben in den Beispiel-Wochenplänen ist nur ein Auszug aus dem Wochenpensum in der zweiten oder dritten Klasse.
Der erste Wochenplan („Beispiel-Wochenplan Klasse 2“) enthält Pflicht- (!) und Zusatzaufgaben (★). Das Kind kreuzt an, sobald es eine Aufgabe erledigt hat. In der Spalte daneben kennzeichnet es die Selbstkontrolle oder die Kontrolle durch die Lehrperson. Die Lehrkraft gibt über den Wochenplan bestimmte Hausaufgaben für jeden Tag vor. Eine zusätzliche Zeile enthält wichtige Terminhinweise für die anstehende Woche.
Im zweiten Wochenplan („Beispiel-Wochenplan Klasse 3“) sind die Hausaufgaben in das Aufgabenpensum integriert. Das Kind kennzeichnet diese durch eine andere Farbgebung als für die in der Schule bearbeiteten Aufgaben. Auch hier setzt es ein Häkchen, wenn die Selbst- oder Fremdkontrolle stattgefunden hat. In diesem Wochenplan wird die Reflexion des Kindes gefördert, da es ein Wochenziel formulieren soll. Außerdem enthält er eine Zeile für Nachrichten an die Eltern, die das Lesen derselben per Unterschrift bestätigen.

So arbeiten Sie mit der Wochenplan-Vorlage

Mit der „Vorlage für einen Wochenplan“ können Sie direkt am Computer Wochenpläne für Ihre Lerngruppe oder individuell für einzelne Kinder erstellen. Öffnen Sie hierzu die Vorlage mit ihrem Textverarbeitungsprogramm. Fügen Sie dann die benötigten Symbole mit Copy-and-paste ein. Ergänzen Sie die Vorlage außerdem um zusätzliche Zeilen für Zusatzangebote und/oder die Hausaufgaben.

Zielscheiben-Symbol: Das Kind kennzeichnet durch das Anmalen des entsprechenden Ringes, wie es mit der Aufgabenstellung zurechtkam: Je weiter innen, desto besser lief es.

Hinweise zu den Unterrichtsfächern: Auch wenn Nebenfächer weniger oft in Wochenplänen Anwendung finden, wurden sie hier mit aufgeführt. Die Bezeichnung „MeNuK“ steht für den in Baden-Württemberg unterrichteten Fächerverbund „Mensch, Natur und Kultur“.

Tipp: Die Symbole für Mathebuch, Lesebuch, Sprachbuch und andere Schulbücher können Sie natürlich auch durch kleine Fotos der tatsächlichen Lehrwerke ersetzen.

Beispiel-Wochenplan Klasse 2

Wochenplan Nr. 2		**Zeitraum: 13.11.2023–17.11.2023**			
Name: Max Mustermann		Klasse: 2a			
Fach	meine Aufgaben	Das brauche ich:	Sozialform	erledigt?	Kontrolle ✓
Mathe	Bearbeite S. 14 Nr. 3. !	Mathebuch		☐	☐
Mathe	Bearbeite AB Nr. 18 im orangenen Schnellhefter auf dem Fensterbrett. !			☐	☐
Deutsch	Hole dir ein Schleichdiktat aus dem gelben Ordner im Deutschregal. Schreibe das Schleichdiktat. !			☐	☐
Lesezeit	Lies 20 Minuten leise oder lies 15 Minuten einem anderen Kind laut vor. !	Lesebuch		☐	☐
Mathe	Arbeite 10 Minuten mit dem Lernspiel, das auf dem Computer eingestellt ist. ★			☐	☐
Deutsch	Suche dir Übungskarten aus der Rechtschreibkartei aus. Notiere die Nummern: ★ Nr. ______ + Nr. ______ + Nr. ______			☐	☐
Hausaufgaben	Montag: Mathe S. 15 Nr. 8–10, Deutsch AB Nr. 15.			☐	☐
	Dienstag: Mathe S. 16 Nr. 1–4, Deutsch Gedicht Lesebuch S. 3 abschreiben.			☐	☐
	Mittwoch: Mathe Einmaleins-Domino, Deutsch AB Nr. 16.			☐	☐
	Donnerstag: Mathe S. 16 Nr. 5–8, Deutsch Bildergeschichte schreiben.			☐	☐
Termine	13.11.2018 Ausflug in die Bücherei				

Beispiel-Wochenplan Klasse 3

Wochenplan Nr. 4		**Zeitraum: 27.11.2023–01.12.2023**				
Name: Barbara Beispiel		Klasse: 3b				
mein Wochenziel: Ich lege meine Hefte direkt nach dem Arbeiten ins Kontrollfach.						
Male die Aufgabenfelder so an: Rot = in der Schule erledigt Blau = als Hausaufgabe erledigt		Das brauche ich:	Sozialform	Wie kam ich zurecht?		Kontrolle ✓
Deutsch	Bearbeite S. 17 Nr. 4.			☐	☐	☐
Deutsch	Übe die Lernwörter der Woche, die an der Pinnwand aushängen.			☐	☐	☐
Deutsch	Schreibe eine Personenbeschreibung zu einem Foto an der Pinnwand. Lies sie einem anderen Kind vor. Erkennt es die Person?			☐	☐	☐
Mathe	Löse S. 21 Nr. 8.			☐	☐	☐
Mathe	Bastele dir mit Arbeitsblatt Nr. 23 aus dem grünen Ordner im Materialregal ein Tausender-Büchlein.			☐	☐	☐
Mathe	Bearbeite das AB Nr. 35 in der roten Mappe im Materialregal.			☐	☐	☐
Mitteilungen	Bitte üben Sie täglich zehn Minuten mit Barbara das Einmaleins mit den Übungskarten im gelben Umschlag.			Unterschrift Eltern:		

Vorlage für einen Wochenplan

Wochenplan	**Zeitraum:**
Name:	Klasse:
mein Wochenziel:	

Fach	meine Aufgaben	Das brauche ich:	Sozial-form	Wie kam ich zurecht?	Kontrolle ✓
				◎	☐
				◎	☐
				◎	☐
				◎	☐
				◎	☐
Hausaufgaben 					
Termine 					
Mitteilungen 				Unterschrift Eltern:	

Symbole für einen Wochenplan

Deutsch 	Mathematik 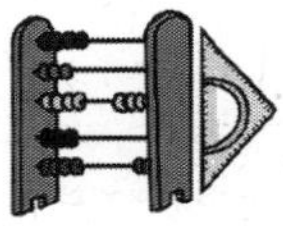	Sachunterricht 	Englisch 	Kunst 
Musik 	Religion 	Ethik 	Sport 	Gestaltendes Werken 
Textiles Gestalten 	MeNuK 	Lesezeit 	Zusatz-Angebot 	Pflichtbereich 
Spielen/Wahlbereich 	Hausaufgaben 	Termine 	Elternmitteilung 	Computer-Angebot 
Schreiben 1 	Schreiben 2 	Lesen 	Anmalen 	Ausschneiden 
Aufkleben 	Einzelarbeit 	Partnerarbeit 	Gruppenarbeit 	Heft 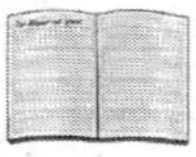
Schnellhefter 	Mappe 	Lesebuch 	Sprachbuch 	Mathebuch 
Pinnwand 	Tafel 	schwer 	leicht 	Zielscheibe 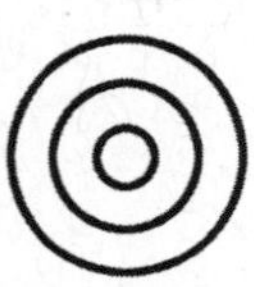

Wie führe ich einen Wochenplan in meiner Klasse ein?

1. Sanfter Start

- Lassen Sie Ihre Klasse in Vorbereitung auf die neue Arbeitsform zunächst immer wieder mit einem Tagesplan arbeiten. Dehnen Sie die Zeitspanne dann auf zwei Tage aus, bis Sie schließlich als Zeitvorgabe für die Bearbeitung eine ganze Woche geben.
- Statten Sie von der Menge den ersten Plan so aus, dass der Großteil der Klasse die Aufgaben in einer Woche schaffen kann.
- Auch rein optisch soll er die schwächeren Schüler*innen nicht überfordern, indem er nicht zu viel Text und nicht zu viele unterschiedliche Spalten enthält.
- Grundsätzlich sind die ersten Pläne für alle Kinder dieselben, quasi „öffentliche Pläne".
- Halten Sie aber von Anfang an für schnellere Schüler*innen unbedingt ein paar Zusatzaufgaben wie Rätselblätter, Mandalas oder Lernspiele bereit. Damit halten Sie die Motivation von Beginn an hoch.

- Lassen Sie eine leere Zeile im Plan, in der die Kinder ihre Zusatzaufgaben vermerken. Damit zeigen Sie Ihre Wertschätzung gegenüber dem Arbeitseifer.
- Kopieren Sie einen Beispielplan im Großformat und hängen Sie ihn im Klassenzimmer aus. Erklären Sie an diesem dann die einzelnen Symbole und Felder im Plan.
- Teilen Sie dann jedem Kind einen eigenen Plan aus (z. B. im Sitzkreis).
- Sprechen Sie die Aufgabenstellungen gemeinsam mit der Klasse durch. Beantworten Sie sämtliche Rückfragen, damit die Kinder dann möglichst selbstständig arbeiten können, ohne zwischendurch unterbrochen werden zu müssen.

2. Weitere Öffnung

- Fügen Sie mit der Zeit dem Wochenplan einen Wahlbereich hinzu.
- Individualisieren Sie die Pläne, indem Sie sie von der Menge und dem Leistungsanspruch her immer stärker an das jeweilige Kind anpassen.
- Führen Sie bei Bedarf Gespräche mit den Eltern. Sie sollten informiert sein, wenn ihr Kind z. B. einen verkürzten Plan hat.

- In Abhängigkeit von der Klassenstufe oder der Zusammensetzung Ihrer Lerngruppe ist es evtl. sinnvoll, die Aufgabenstellungen weiterhin durchzugehen.
- Lesen Sie neue, andere oder besondere Aufgaben vor, lassen Sie diese von den Kindern in eigenen Worten erklären.
- Allerdings wird das immer häufiger im Einzel-/Gruppengespräch stattfinden, weil die Inhalte differieren.

Regeln für die Wochenplan-Arbeit

✓ Beginne sofort mit der Arbeit, wenn deine Lehrerin oder dein Lehrer den Startschuss für die Planarbeit gegeben hat.

✓ Versuche alle Pflichtaufgaben bis Freitag zu erledigen.

✓ Tipp: Bearbeite zunächst das Pflichtprogramm. Starte mit den Aufgaben, die dir auf Anhieb gefallen oder leichtfallen.

✓ Achte darauf, die Aufgaben in den richtigen Heften zu bearbeiten oder die jeweiligen Arbeitsblätter im passenden Schnellhefter abzuheften.

✓ Arbeite ruhig und konzentriert an deinem Arbeitsplatz.

✓ Orientiere dich nicht am Arbeitstempo deines Sitznachbarn.

✓ Wenn du Hilfe brauchst, frage zuerst eine Mitschülerin oder einen Mitschüler. Kommst du danach immer noch nicht weiter, gehe leise zum Lehrerpult.

✓ Sprecht bei Partnerarbeiten so leise wie möglich.

✓ Stelle alle benutzten Materialien wieder zurück an ihren Platz.

✓ Gib deiner Lehrerin oder deinem Lehrer Bescheid, wenn Materialien fehlen.

✓ Lege fertig bearbeitete Aufgaben an den dafür vorgesehenen Platz.

✓ Hake erledigte Aufgaben sofort auf deinem Wochenplan ab.

✓ Kennzeichne Aufgaben, die du selbst kontrolliert hast, oder warte auf das Kontrollzeichen deiner Lehrerin oder deines Lehrers.

✓ Bist du mit den Pflichtaufgaben fertig? Prima, jetzt kannst du mit dem Wahlprogramm weitermachen oder du schlägst deiner Lehrerin oder deinem Lehrer eine eigene Aufgabe vor.

Helfersysteme in der Wochenplan-Arbeit

1. Kinder als Helfer

Im Sinne einer Erziehung zum eigenverantwortlichen Lernen sollte ein Kind, das nicht weiterkommt, grundsätzlich zunächst Hilfe bei einem*einer Mitschüler*in suchen. Natürlich darf das Helfer-Kind die Hilfe auch ablehnen, wenn es z. B. selbst noch nicht weit genug mit dem eigenen Plan vorangekommen ist. In diesem Fall übernehmen Sie als Lehrkraft die Hilfe.

2. Melde-Hölzchen

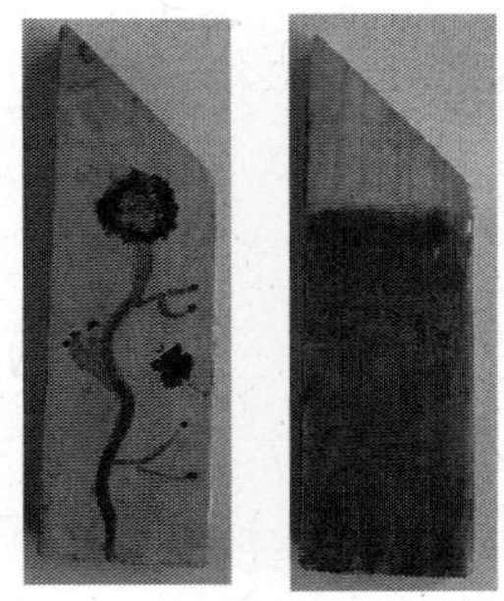

Geben Sie jedem Kind ein Stück Holz. Die Kinder bemalen es nach Belieben und beschriften es mit „Hilfe“. Auf die Rückseite des Hölzchens können sie zusätzlich „Helferkind“ schreiben. Das Hölzchen bewahren die Kinder unter den Tischen oder in den persönlichen Ablagefächern auf. Ergibt sich eine Frage, stellt das Kind das Melde-Hölzchen auf den Tisch vor sich und die Lehrkraft kommt zu Hilfe. Stellt ein Kind das Holz mit der Beschriftung „Helferkind“ auf, zeigt es so an, dass es Zeit hat, anderen Kindern zu helfen. Statt eines Stückes Holz eignet sich auch ein dicker Karton in Pfeilform als Material.

3. Helferschlange

Hängen Sie an eine vom Pult aus gut sichtbare Stelle im Klassenzimmer eine Schlange aus Karton oder Filz, die zukünftig die echte Warteschlange vor Ihrem Pult ersetzt. Jedes Kind erhält eine mit dem eigenen Namen beschriftete Wäscheklammer. Taucht ein Problem auf, heftet es diese ganz nach rechts an die Schlange. Benötigt ein weiteres Kind Hilfe, befestigt es seine Klammer links davon. Auf diese Weise erkennen Sie auf Anhieb, in welcher Reihenfolge Sie die Fragen zu klären haben.

4. Platzkarten

Befestigen Sie mithilfe von Klebeband auf dem Tisch jedes Kindes drei laminierte Karten. Diese sind beschriftet mit „Ich komme zurecht“, „Ich brauche Hilfe“ und „Ich kann helfen“. Nun kann das Kind durch das Auflegen eines Muggelsteines anzeigen, wie es momentan zurechtkommt. Alternativ können Sie die Karten an die Tischkante hängen und die Anzeige mithilfe von Wäscheklammern gestalten.

Welche Rolle habe ich während der Wochenplan-Arbeit?

Sie sitzen an Ihrem Pult, der Großteil der Kinder arbeitet still, einzelne unterhalten sich leise miteinander, eines holt sich gerade Hilfe bei einem anderen. Glückwunsch: Das ist Wochenplan-Arbeit in Höchstform! Aber wann und wie benötigt die Klasse dennoch Ihre Begleitung?

Die Lehrperson als Beobachter.

- Behalten Sie im Blick, welches Kind Ihnen welche Aufgabe abgegeben hat, welche Sie schon kontrolliert haben und ob diese ggf. überarbeitet wurde. Dazu halten Sie eine Tabelle auf Ihrem Pult bereit, in der Sie dies abhaken können. Alternativ bietet sich der Einsatz von Klebezetteln auf einer Pinnwand oder einer großformatigen Tabelle auf einer magnetischen Tafelwand an.
- Notieren Sie sich, wenn Kinder schon früh in der Woche sehr weit fortgeschritten sind oder in der Mitte der Woche erst wenig erledigt haben. Passen Sie dann die nächsten Wochenpläne dahingehend an (Menge, Schwierigkeitsgrad, Zusatzaufgaben).
- Beobachten Sie Ihre Klasse im Hinblick auf die Verhaltens- und Mitarbeitsnoten bzw. den Zeugnisbericht phasenweise ganz gezielt: Wer arbeitet konzentriert? Wer kann sich seine Zeit gut einteilen? Wer trödelt? Wer hilft anderen?

Die Lehrperson als Helferin oder Helfer.

- Setzen Sie sich zu einem Kind, das alleine überhaupt nicht zurechtkommt. Lassen Sie es alternativ an Ihrem Pult sitzen, dann können Sie ggf. zeitgleich noch weiteren Kindern helfen.
- Geben Sie einzelnen oder mehreren Schüler*innen einen Input, der für eine bestimmte Aufgabe nötig ist.
- Führen Sie Einzelgespräche mit Kindern, über die es Beschwerden gab oder die Ihnen im Laufe der letzten Planarbeitsstunden besonders negativ oder positiv aufgefallen sind.
- Sie kontrollieren Aufgaben, für die es kein Selbstkontrollangebot gibt.

Sie beschäftigen sich sinnvoll.

- Kontrollieren Sie die Materialien auf Vollständigkeit und machen Sie sich ggf. eine Notiz, welches Arbeitsblatt nachkopiert werden muss.
- Lassen Sie die Kinder ihre Hausaufgaben zu Beginn der Planphase auf die Tische legen. Versehen Sie diese mit Ihrem Kürzel und kontrollieren Sie sie (stichprobenartig).
- Unterbrechen Sie Ihre Arbeit in jedem Fall sofort, wenn ein Kind Ihre Hilfe braucht.

Wie kontrolliere ich die Aufgaben der Kinder?

1. Selbstkontrolle

In der Regel herrscht beim Wochenplan das Prinzip der Selbstkontrolle vor. Für Aufgaben mit eindeutigem Ergebnis gibt es Lösungsvorlagen, die an einem speziellen Platz ausliegen oder -hängen. Die meisten Lernspiele enthalten eine Form der Selbstkontrolle, z. B. indem auf der Rückseite von Spielkarten die Lösung steht.

2. Lehrerkontrolle

- Einige Aufgaben sollten zur Kontrolle durch Ihre Hände gehen. Stellen Sie hierzu Ablagefächer im Klassenzimmer bereit. Damit Sie nicht Ihr komplettes Wochenende am Schreibtisch verbringen müssen, bietet es sich an, diese schon im Laufe der Woche nach und nach zu kontrollieren und zurückzugeben.
- Am Freitag und/oder ggf. am Montag nehmen Sie dann die restlichen Aufgaben mit.
- Achten Sie darauf, dass Ihre Schüler*innen Fehler verbessern und unvollständige Aufgaben überarbeiten.
- Wenn die Kinder ihre Arbeiten selbst kontrollieren, können sich leider leicht Fehler einschleichen. Daher sollten Sie stichprobenartig auch Aufgaben kontrollieren, die bereits durch die Selbstkontrolle gegangen sind (auch wenn manche Personen aus Ihrem Kollegium es vielleicht als „Gängelung" betrachten).

3. Test-Situationen

Natürlich können Sie weiterhin Klassenarbeiten im herkömmlichen Sinn durchführen, sodass alle Kinder zur selben Zeit denselben Test schreiben. Je konsequenter Sie allerdings mit Wochenplänen arbeiten, desto breiter gefächert wird der Lernstand Ihrer Klasse werden. Deshalb wird es immer häufiger so sein, dass Sie einzelnen Kindern eine Klassenarbeit aushändigen. Wie können Sie das handhaben?

- Der Test ist eine Pflichtaufgabe im Wochenplan.
- Richten Sie auf dem Flur einen Ort ein, an dem er in Einzelarbeit bearbeitet wird.
- Vielleicht gibt es an Ihrer Schule einen speziellen Platz oder sogar einen Extraraum?
- Diktieren Sie einzelnen oder mehreren Kindern im hinteren Teil des Klassenzimmers oder (bei geöffneter Tür) auf dem Flur ein Diktat. Alternativ können Sie ein Diktiergerät mit dem Text oder ein Tablet mit einer Sprachmemo aushändigen.
- Je nach Ausstattung an Ihrer Schule können Sie die Kinder Tests auch mithilfe eines Computers oder eines Tablets bearbeiten lassen.

Welche Probleme können auftreten? (1)

Ein Kind ist schon früher mit dem Wochenplan fertig.		
Vorschlag	Vorteile	Nachteile
Stellen Sie in einem Regal einen Fundus an Materialien und Aufgaben bereit. Diese sollten einen fordernden Charakter haben. Es können z. B. Spiele zur Geometrie, Aufgaben zur Wahrscheinlichkeitsrechnung, Knobelaufgaben oder auch Experimente sein.	Sie müssen nicht jede Woche aufs Neue nach Zusatzaufgaben suchen. Anders als im Pflichtteil können die Kinder die Aufgaben auswählen. Die Kinder haben einen Anreiz, ihre Aufgaben zügig zu bearbeiten.	Schwächere Schüler*innen werden nur selten oder sogar nie mit diesen Materialien arbeiten. Evtl. erledigen einzelne Kinder ihren Wochenplan nachlässig, um zu den „attraktiveren“ Aufgaben zu kommen.
Sie teilen den Schüler*innen schon den nächsten Wochenplan aus.	Das individuelle Lerntempo und Leistungsvermögen der Kinder wird berücksichtigt. Die Kinder sind nicht „nur“ beschäftigt, sondern gehen im Lernstoff voran.	Die Schere in Ihrer Klasse wird relativ schnell recht weit auseinandergehen. Möglicherweise sind Kinder vor Schuljahrsende mit dem Lernstoff der Klassenstufe fertig. Wie geht es weiter?
Ein Kind ist am Freitag nicht mit dem Wochenplan fertig.		
Vorschlag	Vorteile	Nachteile
Das Kind muss den Wochenplan bis Montag erledigen. Das ist gerechtfertigt, da die Aufgaben während der Arbeitszeit in der Schule hätten erledigt werden müssen.	Es herrscht Gerechtigkeit, da alle Kinder dasselbe Pensum erledigen müssen. Für Kinder, die ihre Zeit mit Plaudern und Nebenaktivitäten vertrödeln, kann diese Regelung ein Ansporn sein, zügiger zu arbeiten.	Kinder, für die das Lernen sehr mühsam ist, werden quasi „bestraft“.

Welche Probleme können auftreten? (2)

Das Kind muss nur einen Teil der Aufgaben zu Hause nacharbeiten.	Sie setzen ein Zeichen, dass das Lernpensum erfüllt werden muss, überfordern schwache Kinder aber nicht.	Es bleibt Lernstoff übrig, der im nächsten Plan auftaucht. Das führt zwangsläufig zu Lücken.
Sie treffen eine Absprache mit den Eltern, was erledigt werden muss.	Die Eltern wissen über mögliche Lücken ihres Kindes Bescheid.	Dem Kind wird ein Stück weit die Verantwortung für sein eigenes Lernen abgenommen.
Ein Kind verliert viel Zeit mit Nebenaktivitäten.		
Vorschlag	Vorteile	Nachteile
Treffen Sie tägliche Absprachen, was es der Reihe nach erledigen soll. Kennzeichnen Sie hierzu im Wochenplan die Aufgaben mit den Wochentagekürzeln.	Das Kind kann sich an klaren Vorgaben orientieren.	Das Kind verlässt sich zu sehr auf Sie. Das Kind wird langfristig auch in Gruppenarbeiten oder Projekten mit der Zeiteinteilung nicht zurechtkommen.
Geben Sie dem Kind einen Timer, den es vor Beginn einer Aufgabe stellt.	Die Zeit wird für das Kind fassbarer.	Das Klingeln stört den Rest der Klasse beim Arbeiten. Bei manchen Aufgaben wie z. B. einem Aufsatz oder einer Partneraufgabe weiß man im Vorhinein nicht, wie viel Zeit man dafür benötigt.
Lassen Sie das Kind bei sich am Pult arbeiten.	Sie können sofort eingreifen und/oder zur Weiterarbeit antreiben.	Das Kind könnte sich zur Schau gestellt fühlen.

Rückmeldebogen zum Wochenplan

Name: ______________________________ Klasse: __________

Wochenplan vom ______________ bis ________________

	Das hast du super gemacht.	Das war ganz in Ordnung	Daran musst du arbeiten.
Du hast alle deine Pflichtaufgaben geschafft.	☐	☐	☐
Aufgaben, die du bearbeitet hast, hast du abgehakt.	☐	☐	☐
Du hast die Selbstkontrolle bedacht.	☐	☐	☐
Alle anderen Aufgaben hast du kontrollieren lassen.	☐	☐	☐
Du hast die richtigen Hefte oder Mappen verwendet.	☐	☐	☐
Die Aufgaben waren fehlerfrei.	☐	☐	☐
Du hast zügig und konzentriert gearbeitet.	☐	☐	☐
Du hast ordentlich gearbeitet.	☐	☐	☐
Bei Problemen hast du dir selbstständig Hilfe von der Lehrkraft oder einem anderen Kind geholt.	☐	☐	☐
Du hast die anderen Kinder in Ruhe arbeiten lassen.	☐	☐	☐

Datum: ______________ Unterschrift Lehrkraft: ________________

Reflexion zum Wochenplan

1. Feedback auf dem Wochenplan

Fügen Sie eine Spalte auf dem Wochenplan für Vermerke zum Schwierigkeitsgrad der Aufgabe und/oder zur Arbeitsweise hinzu. Dabei können Sie unterschiedlich vorgehen:

- Das Kind zeichnet einen Smiley in ein Feld hinter die Aufgabe.

☺	😐	☹
leicht: Ich kam gut zurecht.	mittel: Die Aufgabe war in Ordnung.	schwer: Ich hatte Probleme.

- Es kreuzt ein Symbol an, das seinem Empfinden entspricht (vgl. „Beispiel-Wochenplan Klasse 3“).
- Es malt eine Zielscheibe passend aus (vgl. „Vorlage für einen Wochenplan“).
- Lassen Sie Leerzeilen für ein Wochenfazit des Kindes.
  Beispiel: „Ich habe leider nicht immer ein Datum über meinen Aufgaben notiert.“

2. Mündliche Rückmelderunde

Richten Sie ein, dass die Kinder nach der Wochenplan-Phase über den Verlauf reflektieren können. Variieren Sie dabei. Jedes Kind …

- … benennt die Anzahl seiner an diesem Tag erledigten Aufgaben.
- … stellt sich zu einer Symbolkarte, die darstellt, wie es zurechtgekommen ist:

	=	Es war leicht./Ich bin gut zurechtgekommen.
	=	Es war schwer./Ich hatte Probleme./Ich benötigte Hilfe.

- … erklärt eine seiner bearbeiteten Aufgaben ausführlich.
- … beschreibt eine Sache, die es an diesem Tag neu dazugelernt hat.

3. Rückmeldegespräche

Schaffen Sie regelmäßige, am besten (zwei-)wöchentliche Zeitfenster für Einzelgespräche, wenn Sie viel mit Wochenplänen arbeiten. Nehmen Sie den ausgefüllten Wochenplan und einige Ergebnisse hinzu, um Dinge konkret belegen zu können. Inhalte sollten sein:

- Wie viele Aufgaben hat das Kind erledigt?
- Wann war es mit dem Wochenplan fertig?
- Hat es über die Pflichtaufgaben hinaus gearbeitet?
- Wo sind Schwierigkeiten aufgetreten? Warum?
- Hat das Kind die Regeln zur Wochenplan-Arbeit eingehalten?

Zum Abschluss setzt das Kind sich dann ein Lernziel für die kommende Woche.
Beispiel: „Ich denke an die Abgabe aller Arbeitsmaterialien.“

Gesprächskarten für ein Wochenplan-Feedback (1)

Welche Aufgaben fielen dir leicht oder schwer?

Wie lief deine Zusammenarbeit mit …?

Welche Aufgaben haben dir gefallen und welche nicht? Begründe.

Wer hat dir bei Problemen geholfen? Wie war das für dich?

Hattest du genügend Zeit für die Aufgaben?

Für welche Aufgaben hättest du noch mehr Zeit benötigt?

Gesprächskarten für ein Wochenplan-Feedback (2)

Warum hast du deinen Wochenplan nicht geschafft?

Was nimmst du dir für den nächsten Wochenplan vor?

Warum konntest du dein Vorhaben von letzter Woche nicht erreichen?

Was hat dich beim Lernen gestört oder abgelenkt?

Warum ist deine Partnerarbeit mit ... gut oder schlecht gelaufen?

An welcher Aufgabe würdest du gerne weiterarbeiten?